CELEBREMOS LAS FIESTAS ESTADOUNIDENSES

¿Por qué celebramos EL DÍA DE LA RAZA?

Darnell Petersen

Traducido por Ana María García

PowerKiDS press

New York

Published in 2019 by The Rosen Publishing Group, Inc.
29 East 21st Street, New York, NY 10010

First Edition

Translator: Ana María García
Editorial Director, Spanish: Nathalie Beullens-Maoui
Editor, Spanish: Rossana Zúñiga
Book Design: Reann Nye

Photo Credits: Cover Joseph Reid/Alamy Stock Photos; p. 5 https://commons.wikimedia.org/wiki/File:Portrait_of_a_Man,_Said_to_be_Christopher_Columbus.jpg; p. 6, 24 Cvijovic Zarko/Shutterstock.com; p. 9 Charles Phelps Cushing/ClassicStock/Getty Images; pp. 10, 24 (ship) Bettmann/Getty Images; p. 13 Dioscoro Teofilo de la Puebla Tolin/Getty Images; pp. 14, 18 (Native People) Courtesy of the Library of Congress; p. 17 https://en.wikipedia.org/wiki/File:Landing_of_Columbus_(2).jpg; p. 21 dade72/Shutterstock.com; p. 22 Andy Katz/Pacifc Press/LightRocket/Getty Images; p. 24 Ievgenii Neyer/Shutterstock.com.

Cataloging-in-Publication Data

Names: Petersen, Darnell, author.
Title: ¿Por qué celebramos el Día de la Raza? / Darnell Petersen.
Description: New York : PowerKids Press, 2019. | Series: Celebremos las fiestas estadounidenses | Includes index.
Identifiers: LCCN 2017050218| ISBN 9781538332924 (library bound) | ISBN 9781538332931 (pbk.) | ISBN 9781538332948 (6 pack)
Subjects: LCSH: Columbus Day–Juvenile literature. | Columbus, Christopher–Juvenile literature. | America–Discovery and exploration–Spanish–Juvenile literature.
Classification: LCC E120 .P48 2019 | DDC 394.264–dc23
LC record available at https://lccn.loc.gov/2017050218

Manufactured in the United States of America

CPSIA Compliance Information: Batch #CS18PK: For Further Information contact Rosen Publishing, New York, New York at 1-800-237-9932

CONTENIDO

Cristóbal Colón fue
un explorador **italiano**.
Nació en el año 1451.

Asia
Europa
España
China

Colón quería encontrar
una ruta más rápida y segura
para llegar a China.

La reina Isabel y el rey Fernando de España le dieron a Colón el dinero para su viaje.

Colón zarpó el 3 de agosto de 1492. Sus tres **barcos** se llamaban: la Niña, la Pinta y la Santa María.

Colón vio tierra
el 12 de octubre de 1492.
A la gente que encontró ahí
los llamó indios.

La gente dice que Cristóbal Colón "descubrió el Nuevo Mundo". Sin embargo, nativos americanos vivían allí miles de años antes de que él llegara.

Después que Colón regresó, muchos europeos se mudaron a América.

Colón trajo nuevos alimentos y animales a América, como caballos, cerdos, **trigo** y azúcar.

Estados Unidos sería muy diferente si Colón no hubiera descubierto América ¡por accidente!

2816
LGA
2816

Mucha gente celebra el Día de la Raza tomando el día libre en el trabajo y en la escuela. Celebran a Colón como un gran explorador.

Palabras que debes aprender

Italia

(el) barco

(el) trigo

Índice

Sitios de Internet

Debido a que los enlaces de Internet cambian constantemente, PowerKids Press ha desarrollado una lista en línea de sitios de Internet relacionados con el tema de este libro que se actualiza regularmente. Utiliza este enlace para acceder a la lista: www.powerkidslinks.com/ushol/colum